JN440496

오늘의문학시인선 435

채운 양동길 시집

날고 싶은 새 한 마리

산이 내려와
마을을 기웃거리는
거기
날고 싶은 새 한 마리
앉아 있다

오늘의문학사

국립중앙도서관 출판예정도서목록(CIP)

날고 싶은 새 한 마리 : 채운 양동길 시집 / 지은이: 양동길
. -- 대전 : 오늘의문학사, 2018
p. ; cm. -- (오늘의문학시인선 ; 435)

대전문화재단과 대전광역시에서 사업비 일부를 지원받았음
ISBN 978-89-5669-952-3 03810 : ₩9000

한국 현대시[韓國現代詩]

811.7-KDC6
895.715-DDC23 CIP2018032950

날고 싶은 새 한 마리

글쓰기 · 2

왔다갔다
쪽지라도 남기고 싶은 마음
거개가
낙서하지 마시오
쓰는 낙서.

제1부 앞마당 감나무

제2부 닭서리

제3부 마네킹

제4부 마른번개

제5부 민들레

제6부 만인산 호떡

제7부 조류독감

날고 싶은 새
한 마리

제1부

앞마당 감나무

기다림

앞마당 가장자리
오동나무 잎새에
대롱대롱
가을이
저무는데

거동이 불편하신
어머니
마을 초입 가린다고
가지 치라
성화시다

(대전문학 · 72, 2016여름)

고향집 대문

아무도 찾지 않는
텅 빈 초가 앞마당
가을비 동동거리다
무너져 내린 담장
함부로 넘나든다

살만하다 자랑삼아
한껏 키운 철대문
엉거주춤 모로 누워
거칠게 얽은 살갗
어설피 어른다

한 방울 눈물 없이
구슬피 울던
피카소 '우는 여인'
뚝, 뚝
붉은 눈물을 짓는다

(논산문학 · 26, 2018)

못 먹는 파김치

옹골차게
온갖 고난 이기고
시한부 몇 배 살아가다
더 이상
이겨내기 힘들어
가게 해 달라
하시더니

인공호흡기 든
잠깐 사이
사랑해
띄엄띄엄 남기고
눈을 감으신다

어련히
좋아하는 것 알고
정성스레 만들어 둔
파김치 한 통
기일이

지나가도

먹지 못한다

* 방송인 김한석의 어머니 작별이야기를 듣고.

앞마당 감나무

문간 옆
늘 그 자리
나무가 서 있다

봄엔 꽃
여름엔 그늘
가을엔 열매
겨울엔 빛

돌아보니
평생 의지해 살았다

가을 태풍에
꺾인 가지

이제야
새까만 껍질
깊은 주름

패인 상처
굽은 등걸을 본다

(대전문학 · 78, 2017겨울)

금혼(金婚) 사랑

전에
눈짓, 몸짓만으로도
죄 통하던 시절
돌아앉아 중얼거려도
다 알아들었지

이제
큰 소리로 외쳐도
듣지 못하네
소상히 말하려도
힘이 부치지

그래
말하지 않아도
막힘이 없고
모르고 살아도
따사롭기만 하지

혼자보다
무서운 게 없다네

언제나
가까이
있기만 하면 되지

(문학의 실현 · 3, 2017 · 여름)

짜장면

두어해 전부터 기르던 소
중학교 등록금 만들러
우시장 가는 날
생각 없이 따라나서

잘게 작두질한 여물
쌀겨, 물 한 동이
가마솥에 넣고
날마다
끓이며 다진
끈끈한 우정
달뜬 마음에
깜박 잊었네

온길 돌아보며
음머, 음머
허연 입김 품어내며
길게 늘어트린 콧물
엉덩이 맞대고
서성이는 모습

찬바람도 잊었네

홍정 끝나고
살짝 지난 점심때
주막거리 끝
2층 중국집
처음 먹어본
20원짜리 짜장면 곱빼기
물기 번득이며
한없이 껌벅이던
커다란 소 눈이
거기 있었네
면 그릇 휘저었네

어쩌나
여태, 그 보다
맛있는 먹거리
만나보지 못했네

성장통

중학교 들어가
처음 신은 운동화
오래 신으라고
한 문수 큰 것 사주신다
껄떡껄떡
뒤꿈치 까져
고생고생
어렵사리 아물자
발에 맞기도 전에
헤지고 만다

(문학사랑 · 125, 2018가을)

거울

마주 앉기 앞서
속내 모르지요
바라보지 않으면
짐작조차 어려워요

다른 사람 눈으로
어둔 눈 일깨우고
내 몸 두메
그늘도 비추지요

마주보아야
함께 웃고
같이 울지요

제2부

닭서리

닭서리

길기만 한 동지섣달 밤
군불 땐
골방에 모여 놀다
하나둘 하품하면
닭서리 하자 작당한다
동네 형들
막내인 나만 시킨다

홰에 앉아
머리 날개에 묻고 잠든 꼬꼬댁
양손 눌러
겨드랑이에 끼고 나오면
이내 사라지는 그림자다

바람 사나울수록
우리 집 씨암탉만
하나 둘 뵈지 않는다

(대전문학 · 76, 2017여름)

등구나무 평상

그늘로
휘두른 장막
둥치 아래 누렁이
가늘게 뜬 눈
길게 뺀 혀
무릎 꿇고
참선중이다

물안개 피어오르고
동남풍이 분다
공명(孔明) 화공에
장병들 풍비박산(風飛雹散)
백만 대군 잃은 조조(曹操)
사지 헤맨다

몇몇 현자 서고 앉아
적벽대전(赤壁大戰) 관전이다
감탄, 탄식하며
역사 복기
천하경영 논한다

헛간

가장 구하기 쉽고
비용이 적게 드는 것들로
대충 만든다
숭숭 구멍이 나 있고
한쪽은 아예 트여 있다

아주 허접하나
삶에 필요한 도구
거개(擧皆)
알뜰히 맡긴다
때로는 가축이
겨우내 먹어야 하는
건초(乾草)도 수북이 쌓인다

아니
둘 곳이 적당치 않은
모두가
거리낌 없이 찾아든다

(동구문학 · 17, 2016)

비설거지

달무리 지거나
새가 낮게 날면
도랑 치운다
물살에 걸리적거리면
깡그리 없앤다

젖으면 안 되거나
물에 삭을 물건은
덮거나
미치지 못하는 곳으로
옮긴다

대명천지에
아직도
비가 내리면
물이 범람하고
산이 무너진다

(논산문학 · 26, 2018)

솟대

산이 내려와
마을을 기웃거리는
거기
날고 싶은 새 한 마리
앉아 있다

(문학사랑 · 122, 2017 · 겨울)

여름 모정(茅亭)

고향 떠난 사람들 출연(出捐)으로
모정이 만들어졌다
사방팔방 트여
염천(炎天) 이기기엔 그만이다

청년회 갓 벗어나
이제 환갑지난 사람은
얼씬도 않는다

칠십대는
어른들 심부름 귀찮아
될수록 피한다
팔십은 되어야
자리가 있다

수십 년 지기라
기 싸움도, 화낼 일도 없다
있는 그대로 서로서로
어루만진다

시원해서 모이는 것이 아니라
외로워서 모인다
더워도 자리를 비킨다

(논산문학 · 24, 2016)

술 귀신

건너말
힘 꽤나 쓰시던 아버지 친구
약주 거나하게 드시고
오토바이로 귀가하는데
달려드는 누렁이 피하려다
언 논바닥에 나동그라져
의식불명이다

상정말
춘식이 어르신네
술기운 떨어질 때마다
들랑날랑
부엌찬장에 놓인 소주
간장종지로 한잔 두잔
하루에 대병 하나씩 치우시다
이순(耳順)이 지나서도 힘이 넘쳐
동네 고샅 도랑에 빠진
자동차 밀어주다
기어를 거꾸로 잘 못 넣은

차에 밀려
저 세상으로 가셨다

이웃집 대식이 형
땡감도 떨어진다고
걸핏하면 동네 시끄럽게 하더니
술에 찌들어
불혹 나이 갓 넘겨
간암으로 세상 등졌다

구판장 은진댁
문 닫으려
물건 정리하다 말고
퍼질러 앉아
인적 끊긴 어두움 향해
소주 병 채로 나발 불며
씨부렁 거린다

이래저래 다 잡아가면서

귀신은 뭐하고 자빠져서
우리 집 웬수탱이*
주태백이 화상은 안 잡아가는 겨

* 원수덩이
(문학의 실현 · 3, 2017 · 여름)

커피자판기

존재 알린
가공 커피
맛과 향 보전 위해
눈물겹게 쓴 역사, 이제
등 떠밀려
휴게소 외진 모퉁이
볼품없이 옆으로
늘어서있다

여전히
달달한 이야기 풀어낸다

(대전문학 · 81, 2018가을호)

보리밥집

불린 보리 삶아
건져 두었다
다시 끓이고
뜸 드리고
반복해서 공 드린
꽁보리밥
거칠긴 매한가지
푸성귀, 고추장맛에
먹었다네

먹는 순간은
쥐코밥상보다야 낫지
꺼지기는
왜 그리 쉽게 꺼지는지
숟가락 놓고
방귀 두어 번 뀌고 나면
바람 빠진 풍선이네

가난한 기억에
짓눌려

꽁보리밥집 앞
잰걸음 지나치는데
소화흡수 잘되고
성인병에 좋다나
보리밥집 만원이네

(동구문학 · 19, 2018)

추억 · 2

책장
한자리
차고앉아
너덜너덜
색 바랜 낱장
변함없이
선명한
먹물

(동구문학 · 19, 2018)

도깨비불

뿔난 도깨비
가시 돋친 방망이 들춰 메고
불꽃 오르내리다가
수십 개로 나뉘며
아리고 멍든 속
시원히 풀어주는 희망가

밤길, 칠흑 산자락
흔들리는 괴이한 불빛
괜스레 오싹한 등골
먼저 왼다리 걸면
이길 수 있다 믿는데
손아귀엔 땀이 차지

아무렴 너나 나나
믿고 싶은 전설
부서져 내리는 젖은 별빛
수상쩍은 시절
어둠이 짙어질수록
만나고 싶다

장작불

가마솥 건 아궁이에
불을 지핀다

굵은 통나무나 장작
불쏘시개 없이
불이 붙지 않는다

나란히 놓은 장작
연기만 내다, 이내
사그라든다

서로 어긋장 놓아야
구석구석 바람 돌아
요란한 불꽃
힘찬 화염이 인다

(논산문학 · 26, 2018)

제3부

마네킹

헛물

모든 걸 건 사랑이
짝을 잃었다

허벅지 찌를까
뭇 사내 찌를까
밤마다
열심히 은장도 간다

숱한 밤
아무도 나타나지 않는다

(논산문학 · 26, 2018)

마네킹

몇 가지 동작이나
자세밖에 못하지만
언제나 눈 뜨고 있다
네가 날 본다고
착각하지 마라
욕심으로 가득 찬
네 마음까지 읽고 있다

(대전문학 · 74, 2016겨울)

배려(配慮)

발길 뜨음한
옹달샘 언저리
되는 대로 쌓인
돌무더기 위에
덩그러니 놓인
맑은 물 가득 담긴
앙증맞은 조롱박

(논산문학 · 24, 2016)

유리창을 열며

밖이 다 보이는데
자꾸만 창문을 연다
아하
바람을 만나고 싶은 게다

(동구문학 · 18, 2017)

문(門)

담이나 벽을 통해
존재 의미를 갖는다

언제나 닫혀 있으면
강고한 장애물이요
늘 열려 있으면
담벽마저 의밀 버리고
그저
살피*가 된다

분명한 것은
열려야 문이다

* 살피 : 두 땅이 나뉘는 경계를 나타낸 표
(문학사랑 · 119, 2017 · 봄)

개소리

어둑한 골 고샅에
놀던 바람이 건들
낙엽을 굴리면
겁먹은 멍멍이
꼬리 내리며 짖어댄다
온 동네 개가
따라 짖는다

일하다 손길 멈추고
내다본다
헛기침도 한다

(문학사랑 · 120, 2017 · 여름)

삼월 삼짇날

바지런한 제비들
전깃줄에 모여
봄의 교향곡을 풀어내자

꽃놀이 나온 철부지들
물오른 버들 꺾어
칸타빌레로 연주하네

(동구문학 · 18, 2017)

담배와 사내

여기저기 헤진 토담 앞으로
찬바람에 단련된 모난 날빛
옹기종기 모여 유별나게 빛나고
몸도 마음도 가난한 한 사내
그 앞에 쪼그려 앉아
필터 없는 담배 한 개비
니코틴에 굶주린 입에 무네
잽싸게 성냥 그어 불붙이고
입 안 가득 연기 채워
일그러진 동그라밀 그려보네
이렇게 속속들이 비춰 본적 있나
볼수록 눈이 부시네
내 뱉기 바쁘게 다시 세차게 빨아
한숨 섞어 허허롭게 뱉어내네
이렇게 상념들 털어본 적 있는가
뒤집힌 속내 따갑게 저려오네
다시 아주 달게 빨아들여
냉소 담아 이리저리 길게 내뿜네
흩어지는 저것들 다시 엮어 보았나
그저 흘러가는 부질없는 일들이라

일어서며 바닥에 아무렇게나 던지고
생각들도 듬뿍 얹어 발로 비빈 뒤
무너져 내린 허리 반쯤 세우고
힘없이 발길 옮기네
돌아선 등 너머로
햇빛만 요란스레 부서지네

(2014.02.25)(부여시 · 10, 2016)

단비와 비둘기

추녀 아래
소나기 피한
비둘기 두 마리
나란히 앉아 털을 고른다
가뭄 끝 단비가
달갑지 않은 모양
구구, 구구
투덜댄다

쩍쩍 갈린 땅의 고통
도무지 모르나 보다
옆을 보고
구구
돌아서서
구구
자꾸자꾸 딴청이다

헐떡이다 벅찬
나무, 풀잎
치켜든 손

마구 흔들며
요란한 환호성
시원스레 곳곳을 누빈다

(논산문학 · 25, 2017)

맛있는 요리

먹고 마시는 것
물이나 공기를
음식이라 하지 않는다
땀이 수반되어야 음식이다

양분 섭취가 다가 아니다
쓰고, 달고, 맵고, 짜고, 시고
어울림을 먹는다

감칠맛
깊은 맛도 있어야 하고
무엇보다 씹는 재미가 있어야 한다

더하여
보는 즐거움
향기, 소리, 따사로움
오감으로 먹는다

영양제 주사나
알약으로 살 수 없는 까닭

대체 불가다

요리가 손맛이라고
제 손이 닿지 않으면
무조건 맛있단다

24 이사

달팽이는
오토캠핑 족
세간 하나 없이
집을
통째 메고 다닌다

집 없는
민달팽이
수분 저장 어려워
아예 습한 곳에 산다
옮길 짐도 없다

이사할
집이 있고
옮길 짐 있으니
얼마나 큰
행복인가

제4부

마른번개

사투(死鬪)

하늘을 빙빙 돌던 왜가리
가만히 내려서더니
눈빛만 번득이고
그냥 그림이다

맑은 물속 숨바꼭질하던
손바닥만 한 참붕어늘
잠수 탄지 오래다

물소리 여전한데
물발에 몸을 맡긴
수초만이 살풀이다

작은 흙탕물도 일지 않는
냇물 위로
바람만 오락가락
숨이 막힌다

(대전문학 · 73, 2016가을)

성찰(省察)

시나브로 찾아오는
바람과 잠시
놀아난 일 말고는
일평생
한눈 판 적 없는
궁남지(宮南池) 버드나무
연꽃에 둘러싸여
선 채로 밤낮없이
자기를 비춰본다

(논산문학 · 24, 2016)

옹달샘

무성한 숲에
숨 죽여 솟는 샘
지나던 한 마리 양
목을 축였네
온 몸을 적시던
물비린내 잊지 못해
굽이굽이
산자락 서성이면
절절한 그리움이
물안개로 떠도네

(논산문학 · 24, 2016)

터널

비워져야
울림, 소통이 있어
산이 속을 보인다
깊은 속내로
깔아놓은 어두움
반드시
끝이 있고
그 끝에는
빛이 있다
깊을수록
더 밝은 빛

(동구문학 · 19, 2018)

새싹

한 겨울 풀어내는 기상캐스터
언 땅 밀어 올리는 천하장사
때 되면 먼저 웃는 자명종

나무그늘

밖으로 나돌면
사정없이 두드리는
따가운 햇살
하나 둘
그늘 찾아
살부채 바람 인다

멀찍이 물러난
키 작은 토끼풀
뙤약볕에 쪼그려 앉아
줄어드는 삶터
환한 얼굴
번갈아 바라본다

(대청문화 · 2017)

마른번개

오랜 가뭄 끝
요란스런 팡파르
불꽃놀이 몇 번 하다
제풀에
거두는 잔치

온 몸 저리게
가슴 치는 날벼락

(논산문학 · 26, 2018)

거미줄

여명에 산을 오른다
촘촘한 끈적이 그물망
얼굴, 몸에 달라붙는다
밤샘공사가
도로아미타불
미안함이 앞선다

먹거리 모를까
먹잇감 다니는 길도 모르며
길목마다 친 그물
땅 주인이라도 사람 다니는 길
가로막지 못한다는 걸
거미는 모르나 보다

장대비 · 2

가리지 않고 뛰어다녀
애쓰지 않아도
바라보는데
창문을 두드린다

잡초들
깨우지 않아도
일어나, 절로 맞는데
환호하라 부추긴다

아랑곳 하지 않고
선전 선동
자꾸
세상을 두드린다

가을 산에서

다람쥐가
부지런히 가을걷이 한다
여기저기 숨기고, 새봄까지
찾지 못하는 것이 더 많다
덕분에 새 생명 빛을 본다

우리는
제 것도 아닌 것을 틀켜쥐고
관리하느라, 죽도록 애만 쓰다
빈손으로 간다
잘해야 쓰레기만 남긴다

(동구문학 · 18, 2017)

가을 뜨락

쏟아져 내린
시어들
긴 의자에 모여앉아
글을 쓴다

책갈피로 남을
한둘 빼곤
어차피 묻힐
한갓된 숙명

손곱아
가로누울 때까지
가으내, 빨강 노랑
글을 쓴다

(동구문학 · 19, 2018)

겨울나무

지난 갈부터 하나하나 옷 벗은 것은
온 몸으로 동장군 맞서기 위함이요
홀딱 벗은 알몸으로
혹한 이겨내야
아름다운 내일이 있기 때문입니다

자신 있게 벌거숭이 되는 것은
낯 뜨겁지만
부끄러운 일 한 적이 없어서요
몹시 떨리지만
추위 매서울수록 꿈도 커지기 때문입니다

겨울이 난장 벌인 언 땅 위에
서로서로 의지하여
떨군 상처만큼
성숙한
새날의 청사진을 그립니다

(논산문학 · 24, 2016)

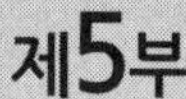

제5부

민들레

영춘화(迎春化)

언덕을 따라 내려와
언 땅 위에 귀 붙이고
숨소리 엿듣더니
별을 뿌린다

(동구문학 · 18, 2017)

매화의 양심고백

- (한시를 읽다가)

아예 입지 않고
웃는 것은
벌 나비
미혹하려 함이요

눈보라 털어 내며
서두르는 것은
그늘을
피하기 위해서네

향기 팔지 않는다
고상타 마라
자식 통해 살아남는
유일한 욕망이요

지조, 절개
분칠하지 마라
정신 하나 남을까
변치 않는 것은 없다네

민들레

앉은뱅이로
땅에 붙어살다
한껏 꽃대 올려
모처럼 세운 자존심

같잖은 봄비에
좋은 나날 고스란히
물난리 걱정
하얘진 머리

모진 삶 점철된
솜털 자서전
초여름 일찌감치
세상에 날린다

바람에 안겨

무작정 떠나지만

허투로

날지 않는다

(논산문학 · 26, 2018)

밤꽃

오뉴월 비릿한 향기에
그나마 짧은 밤이
뜬 눈으로 지샌다

촉촉한 이슬이
몰래 몸을 적시니
밤꽃이 다른 꽃을 깨운다

밤은 알고 있다
먼저 유혹한 것은 꽃이지
벌, 나비는 보채지 않았다

(논산문학 · 25, 2017)

나팔꽃

부끄러운 척
온 몸 외로 꼬며
슬그머니
담장 타고 올라
하룻밤 풋사랑

땅거미 지면
말 많은 바람둥이
이리저리
나팔 들이대고
공개유혹

태양이 부끄러워
어둑새벽
살짝 웃고
고개 떨구네

개똥참외

뼈대 있는 가문
씨알이
뜨내기 손에
함부로 던져져
더 이상 퇴화 될 일 없는
토종보다 더 독하게
터 일구고
버텨낸다

멍한 눈길
한줌 햇빛
스치는 바람에
줄기 뻗고
꽃피워
다시
가문을 세운다

(논산문학 · 26, 2018)

7월 코스모스

가을이면
푸른 하늘 뒤집어쓰고
온몸 흔들며
해맑은 웃음
추억 일깨우는
가냘픈 소녀

입 근지러워
그때까지
기다릴 수 없나 보다

넘치는 끼
뜨거운 가슴
감춰 둘 수 없나 보다

(논산문학 · 26, 2018)

덩굴손 아린 호박

제대로 서거나
한 발짝 떼보지 못하고
커서도
땅바닥 엉금엉금

여린 손 내밀어
마구 움켜쥐고 용 써 봐도
고작 두어 길
단 한 번 올라보지 못하네

언젠가는 서리라
소박한 욕망 하나
너른 잎에 깊이 숨겨 추스른
노오란 꿈

(동구문학 · 18, 2017)

수박

뙤약볕에
고사리 손
정성 다해
바닥을 긴다

뉘라 알리
오르지 않는
커다란 단심
레드다이아 꿈

꽃무릇

9월 선운사
수도승 외로움
물길 따라 온통
불 지르네

너나없이
목 길게 빼고
슬픈 추억 살짝
훔쳐보네

영광 불갑사
정읍 내장사
절간 사랑앓이
화두 던지네

동지(冬至) 개나리

사납게 춥다가
따뜻한 바람 불어
꽃 피웠지

지나는 사람들
철부지다
때도 모른다
혼자 잘났다
입방정이네

기후변화가
뉘 탓이지

온도 변화에만
촉 세운
날 탓하네

(논산문학 · 25, 2017)

제6부

만인산 호떡

만인산 호떡

산내 버즘나무길
굽이돌아
추부에 다녀오는 데
소문난
만인산 봉이 호떡
한 봉지 사오라네

맛나게 먹더니
별로라 투덜투덜

들고 온 호떡에는
파아란 바람
새소리
너와 나의 밀어(蜜語)
소가 빠진 것을
뒤늦게 알았네

(대전문학 · 75, 2017 · 봄)

늦여름 식장산

가뭄과 염천에 풀죽어
침묵하던 산이
단비 지나자
마당극 펼친다
멧새, 매미 연주하는
아카펠라
화사한 무지개 조명
나무들 경쾌한 춤사위
환호하는 계곡
온산이 야단법석이다
숨겼던 보물, 식량
탈탈 털어
세상에 나른다

신성리 갈대밭

하늘엔 철새들
땅에는 사람들이
앞 다투어 찾는 것은
발밑에 남아있는
원시림의 흔적이다

초록물결이 황금너울로
황금물결이 하얀너울로
살 부비는 갈밭 사이
눈 정 든 이슬
차고 넘쳐도

소슬바람과 나눈
들큼한 이야기
곰살갑게
바다로 나르는
강물이고 싶어라

(문학사랑 · 119, 2017 · 봄)

추일 새재

소슬바람
건들 불자
가을이 마구
산을 넘는다
덩달아 넘는 사람들
깊이깊이
능금빛 순정
저 몰래 물든다

(동구문학 · 17, 2016)

무주구천동

깊고 깊은 계곡
굽은 길 따라 돌아
박장대소(拍掌大笑)하는
소름 돋게 맑은 물
기암절벽(奇巖絶壁)
울창한 숲
차마 신발 못 벗네

어찌
구천 명만 성불했으리오
선경에서 노니는
너도
나도
신선이라

골짜기 물은 가득 채울 수 있으나
사람 마음 채우기 어렵다더니
70리 절경, 그득그득
차고 넘치네

(논산문학 · 25, 2017)

뜬봉샘*

신무산(神舞山) 허리 물뿌랭이 마을
속이 훤히 들여다뵈는 알몸으로
천리 먼 길 길을 나서네
혼자서는 저도 몰래 사라지나니
출신, 성분 가리지 않고
아우내마다
한 몸으로 어우러져
서로를 가르지 않네
멀리 가고
바다에 이를 수 있는
유일한 방법이네
왁자지껄
금강으로 하나 되어
만나는 바다

* 금강 발원지
(문학사랑 · 117, 2016 · 가을)

의암사(義巖祠) 돌아보니

금수강산 짓밟고
양민을 도륙하고
잔치를 벌이다니

사랑의 크기만큼
손가락마다 가락지 끼고
누가 그리 뜨겁게 원수를
껴안아 보았으랴
호흡이 멎는 순간까지
그 누가 가쁜 숨
참아 보았으랴

진주 남강
퍼런 물이 마른들
깍지기 풀이질까
넓디넓은 바다로
달려간들
숨 다시 돌아올까

그 잘난

벼슬아치 아니라고
어두운 골목을
떠돌다
수백 성상 지나서야
찾은 이름

진주성에서
주촌마을로
의암사로
검붉은 꽃으로
피어나누나

(논산문학 · 25, 2017)

다시 찾은 바다

한 번 봤다고
갈매기 삼삼오오
바다에 앞서
쫓아 나와 반기네

어선이 봄바람에
살랑살랑
몸을 뒤척이는
통영 활어시장

좌판 너머
다림횟집 외진자리
추억이 먼저와
몸을 살살 녹이네

(논산문학 · 25, 2017)

성산일출봉 애모(愛慕)

우도봉과 먼발치로
마주보고 천만년
도항선 인편으로
수 없이 오간 연서
긴 세월 미동도 못한 채
곰삭는 그리움

끼룩끼룩
오락가락 갈매기
덩달아 세레나데
빈 하늘로 번지는
절절한 아픔이여

바라볼 수 있다는 것
얼마나 큰 행복인가
철석 처얼석
파도가
아픈 속내 보듬네

(문학사랑 · 121, 2017 · 가을

제7부

조류독감

60인생

리허설도 없이
생을 다할 때까지
늘 공사 중이다
기념물로 남기려
나름 애쓰지만
공사 끝나면
여지없이 사라지는
거푸집이다

죽음

모든 생명체에
주어진
가장 공정한
저승 영주권

(동구문학 · 19, 2018)

기억

껐다가 다시 켜
리부팅하면
꼭 필요한 것만 로딩

두드리면
보조 장치에
잠자던 말들이
일어나
튀어나온다

천방지축
뛰놀던 단어들이
손을 맞잡는다

변비

내릴 듯
내리고 싶은 듯
오지 않는 비

물난리 날 때
나더라도
반가운 태풍

외과수술

밥값도 못한다는 구박에
밥통을 잘라냈지
의사 말대로 하면
죽을 목숨 살린 거야

생명이 있는 모든 것들이
더불어 사는 것을 해하는
탐욕, 분노, 무지
문득문득 솟아나
수십 년 갈고 닦아도
못 달래는 마음

그 마음도
떼어 낼 수 있다면
얼마나 좋을까

(동구문학 · 17, 2016)

공처가 숲속 번민

저 하고 싶은 노래
맘껏 부르고 놀아도, 옆에서
찍소리 없는 벙어리매미

엄처시하(嚴妻侍下)에
잔소리 없는 아내랑 사는 게
마냥 부럽다

한 번 사랑에
목숨 건
사마귀 외침

아옹다옹
깊어지는 애모(愛慕)의 정
그것이 행복이야

(논산문학 · 25, 2017)

겨울밤

추위에 쫓긴 생명
숨어든 초가 위
찬바람, 폭설
덮고 또 덮어
이글루*로 만든다
따사롭지 않고
길도 밝히지 못하는
십자가 높은 불빛만
우두커니
눈 부비며 지켜본다

* 얼음과 눈덩이로 만든 에스키모의 집
(논산문학 · 25, 2017)

명강사

지난 봄
산사 법회시간에
특강을 하라하여
법정 스님의 「산에 오르면」
글 한 구절 소개했다

내 주위 가난한 이웃이 부처고
병들어 누워있는 자가 부처라네

그 많은 부처를 보지도 못하고
어찌 사람이 만든 불상에만
허리가 아프도록 절만 하는가?

그날 이후
다시는
부르지 않는다

(동구문학 · 17, 2016)

조류독감

수탉 두어 마리가
수십 마리 암탉 이끌고
마당, 텃밭, 뒷산 나들이
뒤뚱뒤뚱 병아리까지 따라나서
대가족 행복이
봄날 부서지는 햇빛이다

날개 짓은 그만두고
몸 한번 뒤척이지 못한 채
빨간 전구 아래
잠 못 자고
알만 낳는
죄인도 철새도 아닌
산란계

죄인도 인권이 있다고
2017년 연말 헌법재판소
구치소 등 교정시설
1인당 1평방미터 안

재소자 수용
위헌 판결이다

면역력 무장하고
내키는 대로 오가며
살포하는 바이러스
삶터 잃은 보복
공격일까
저항일까
철새는
개척자로 불리며
인디언 다 죽어나가도
오리발 내미는
아메리카 점령자

옆구리 맞대고 살다
수천만 살처분
이래저래 울고 싶다
그래저래 그립다

까치소리

마을 어귀 높이 솟은
미루나무 가지 사이
겨울이 짐 쌀 무렵

바지런히
마른 가지 물어다
켜켜이 둥지 틀어
대여섯 개 낳은 알
한 이레 품었을까

요란한 중장비 소리
깍 한번 할 새 없이
통째로 나무들 넘어가고
정겹던 구릉들 사라지다

몸은 가까스로 피했으나
한 해 노력
함께 사라진 미래

반가운 소식들도

마을을 떠난다

(동구문학 · 17, 2016)

당달봉사

보이지 않는 진실이
더 많은 세상
눈에 보이는 것만
진실이라 우긴다

그나마, 같은 편이면
아예 청맹과니
다른 눈빛 모두
거두어 간다

세상모르는 장님이
등불 켜들고 가야한다.

여명사(黎明寺) 지장전(地藏殿)

사찰에 들렀더니
주지스님
시왕전(十王殿)에 앉으란다
죄 많은 인생, 덧없이
흔들리는 속내
알아본 모양이다
육도윤회(六道輪回) 심판하는
명부전(冥府殿) 구세주
지장보살(地藏菩薩)
모든 중생 성불시키려는
마음 하나로
득불하신 대원본존(大願本尊)
석장(錫杖) 흔들어
졸음을 깨운다

(대청문화 2016)

멍멍이

함께 놀아주니
민낯 보았다고
자기수준 맞추어
네가 대수냐
따져 묻는다

본질을 추구하는 점오점수(漸悟漸修)의 시학

— 양동길 2시집 『날고 싶은 새 한 마리』 감상기

문학평론가 리 헌 석
사단법인 문학사랑협의회 이사장

1.

〈누가 가는 길인들/ 비바람 몰아치지 않으랴/ 누구와 가는 길인들/ 반듯이 손질된 길만 있으랴〉 양동길 시인의 1시집 『다시 산이 된 다랑논』에 수록된 작품을 읽으면서 깨달음을 공유하였던 터라, 〈함께 가면 더 멀리 가고/ 편안할 뿐〉이라는 부언(附言)에도 수긍할 수 있었습니다. 그 바탕에서 우리들이 지향해야 할 〈참된 길은/ 길속에 있다〉는 '구도의 시심'에 한 발짝 더 나아갈 수 있었습니다.

그의 시는 우리가 '참'이라고 믿었던 세상의 여러 사물들도, 때로는 '본질'과 '현상'이 어긋나 있음을 깨닫게 합니다. 생각이 깊은 데에 이르면, 보이지 않던 길이 보이고, 본질과 현상이 제 모습을 찾습니다. 양동길 시인의 「겨울 궁남지」는 〈연꽃들이/ 물속에 숨자/ 명패만 덩그러니/ 물 위를 걷네〉라는 현상을 바탕으로 〈세상에 어떤 이름도/ 스스로 지은 것은 없다〉는 본질에 이르게 하는 힘을 보입니다.

특히 시집의 제목이기도 한 「산이 된 다랑논」에서는 눈물겨울 정도로 가열(苛烈)한 삶도 때로는 '헛되고 헛되도다'에 이르는 무상(無常)의 과정을 형상화합니다. 〈지어미 치마폭 붙들고 기어오르는/ 젖먹이/ 후미진 골짜기 따라 올라/ 빗물 가둬야 모〉를 심을 수 있는 산골 다랑이논에서 힘든 살림을 꾸며온 사람들, 그러나 세월이 흐르면서 〈버려진 농사일〉이 되고, 이는 〈다시 산이 된 다랑논〉에 〈멋대로 자란 억새〉와 〈목메는 바람〉이 세상살이의 안타까운 변화를 보여줍니다.

이 작품을 통하여 시인은 삶의 무상을 넌지시 제시합니다. 자식들과 먹고 살기 위해, '뼈골'이 빠지게 다랑이논에 농사를 지으셨던 아버지, 그러나 이제 농사를 지을 기력이 쇠잔한 아버지, 〈천식에 시달리는 어버지의 숨소리〉를 통하여 '삶의 무상'에 이르는 정서를 환기합니다. 이와 같은 삶의 애환을 노래한 작품을 통하여, 시인은 '쏟아내기'와 '극복하기'를 아우르는 '그만의 번제(燔祭)'를 형상화합니다.

2.

양동길 시인의 1시집에 수록된 작품들을 통하여 다양한 감동을 공유한 바 있어, 그가 발간하는 2시집 『날고 싶은 새 한 마리』에 대한 부푼 기대로 작품 감상의 여로에 나섭니다. 시집에 수록된 전 작품을 독자들보다 먼저 읽으면서 찾아낸 가장 큰 특징은 장형(長型)에서 단형(短型)으로의 변신

입니다. 사설적(辭說的) 요소보다 비유와 이미지의 생성을 통하여 시의 완성을 추구하는 긍정적 변화입니다.

산이 내려와
마을을 기웃거리는
거기
날고 싶은 새 한 마리
앉아 있다

—「솟대」 전문

밖이 다 보이는데
자꾸만 창문을 연다
아하
바람을 만나고 싶은 게다

—「유리창을 열며」 전문

그의 1시집에서는 장형(長型)의 작품이 중심을 이루고 있었습니다. 일부 작품에서는 '판소리' 형식을 원용하여 '창'과 '아니리'를 합성한 듯한 '사설(辭說)'에 가까웠고, 보편적 시 형식의 작품에서도 사설적 요소가 자주 목격된 바 있습니다. 물론 단형의 여러 작품들은 잠언에 가까울 정도로 간결하기도 하였으나, 전체적으로 장형을 유지하고 있습니다. 예컨대 작품 「순이」는 판소리의 잔영(殘影)을 띠고 있습니다. '사설, 창, 사설, 창' 등의 반복이 이어지고, 시어에서도 구어체의 경향이 짙습니다.

이는 현대적 시어 감각이 무디어 빚어진 것이라기보다 국악인으로 살아온 40여 년의 연륜에 기인한 것 같습니다. 그는 미술교육을 전공하던 대학 시절에 KBS 국악 경연대회에서 입상하여 1,000여 회에 이르도록 국악을 공연한 바 있습니다. 현재도 미술인으로, 국악인으로, 시인으로, 예술 분야에서만 1인 3역을 담당하며, 출중한 능력을 발휘하고 있습니다.

그러나 첫 시집을 발간한 지 3년여를 지나, 새롭게 발간하는 그의 2시집의 작품들은 사설과 장형성에서 벗어나고 있습니다. 20행이 넘는 작품도 몇 편 보여주고 있지만, 대부분 20행 이내의 작품들이 수록되어 있습니다. 국악적 요소는 국악에서, 문학적 요소는 문학 작품에서, 미술적 요소는 미술 작품에서, 각각의 분야에서 최선을 다하는 것이 중요하다고 마음을 정리한 듯합니다. 물론 현대 예술의 화두가 '융합' '통섭' '콜라보레이션'이기 때문에 그의 문학 작품도 발전적 이미지 결합이 이루어지고 있습니다. 전반적인 경향은 아니지만, 첫 시집의 국악적 요소보다 미술적 요소를 원용한 작품에서 특별한 감동을 생성합니다.

아무도 찾지 않는
텅 빈 초가 앞마당
가을비 동동거리다
무너져 내린 담장
함부로 넘나든다

살 만하다 자랑 삼아
한껏 키운 철대문
엉거주춤 모로 누워
거칠게 얽은 살갗
어설피 어른다

한 방울 눈물 없이
구슬피 울던
피카소 '우는 여인'
뚝, 뚝
붉은 눈물을 짓는다

—「고향집 대문」 전문

아무도 살지 않는 고향집을 시인이 찾습니다. 가을비가 무너진 담장 바깥쪽과 안쪽을 가리지 않고 내립니다. 먹고 살 만할 때 세운 철대문이 녹이 슨 채 쓰러져 있습니다. 서경 묘사에 의해 생성된 서정성 짙은 '전통적 이미지'가 오롯합니다.

그러나 이 작품의 본질은 3연입니다. 〈한 방울 눈물 없이/ 구슬피 울던/ 피카소 '우는 여인'〉이 뚝뚝 붉은 눈물을 짓는 형상화입니다. '우는 여인'은 조국 스페인의 내란 중에 일어난 비극의 상징으로 피카소가 그린 작품입니다. 작품 속의 여인은 소리 내어 울지 않습니다. 너무나 가슴이 먹먹하여 울음조차 나오지 않는다는 한국인의 표현처럼, 스페인 여인도 그러했던가 봅니다. 소리 내어 울기보다 슬픔이 북받쳐 가슴으로 울고 있는 듯한 표정, 어떻든 피카소의 '우는 여인'이 양동길 시인의 고향집 폐가에서 뚝뚝 눈물을 짓고 있다고 시인은 그려냅니다. 이는 시인의 안타깝고 절실한 정서를 피카소의 '우는 여인'에 의탁하여 승화시킨 본보기라 하겠습니다.

3.

양동길 시인의 2시집에 수록된 작품을 감상하면서 불교적 심상에 공감합니다. 작품 「문(門)」을 통하여 '닫음'에서 '열음'을 구하는 자세를 음미합니다. 우리는 늘 〈담이나 벽을 통해/ 존재 의미를 갖〉게 마련입니다. 내가 서 있는 주변에 '강고한 장애물'을 쌓아 놓고 자신의 성채를 지키고자 합니다. 그러나 그는 〈열려 있으면/ 담벽마저 의미를 버리고/ 그저 살피〉가 되는 깨달음에 이릅니다. '살피'는 두 땅이 나뉘는 경계를 나타내는 것이지만, 그 곳에 담을 쌓지 않으면 구분의 징표일 뿐 닫혀 있지 않습니다. 그리하여 너와 나의 '살피'는 존재할 수 있지만, 〈분명한 것은/ 열려야 문〉이라는 선지식에 이릅니다.

담이나 벽이 없는 마음으로 '살피'마저 허물면 자연에 조응하게 됩니다. 나와 자연이 하나를 이루는 물아일체(物我一體)의 경지에 이르러 새로운 감동을 생성합니다.

시나브로 찾아오는
바람과 잠시
놀아난 일 말고는
일평생
한눈 판 적 없는
궁남지(宮南池) 버드나무
연꽃에 둘러싸여
선 채로 밤낮없이
자기를 비춰본다

— 「성찰(省察)」 전문

시인은 〈시나브로 찾아오는/ 바람과 잠시/ 놀아난 일 말고는/ 일평생/ 한눈 판 적 없는〉 삶을 살아온 '궁남지 버드나무'의 삶을 가치 있게 인식합니다. 유혹의 대상으로 대유되는 '연꽃'에 둘러싸여 있으면서도, 변함없이 선 채로 자신을 성찰하는 자세를 선망합니다. 이를 바탕으로 주체와 객체의 '살피'를 무화시키면, 이 작품의 '궁남지 버드나무는 시인으로 환치될 수 있습니다.

이와 같은 깨달음의 심상은 거저 형성되는 것이 아닙니다. 오랜 세월 점오점수(漸悟漸修)를 거쳐 이르는 경지입니다. 발심(發心)의 시초는 돈오(頓悟)에 의한 자각이었을 터이지만, 이런 '마음의 그림'은 점수(漸修)에 의하여 자리 잡습니다. 그러나 세상을 살아내는 과정에 수많은 '시험'이 닥치게 마련이어서, 작품 「외과수술」에서 그는 위(胃) 수술에 대한 허허로운 심상을 그려내고 있습니다. 〈밥값도 못한다는 구박에/ 밥통을 잘라냈지/ 의사 말대로 하면/ 죽을 목숨 살린 거야〉라는 해학적 접근을 만납니다. 그러면서 〈탐욕, 분노, 무지/ 문득문득 솟아나/ 수십 년 갈고 닦아도/ 못 달래는 마음〉까지 떼어낼 수 있다면 좋겠다는 '마음 비움'의 지향을 형상화합니다. 이런 경지에 이르기 위해 시인은 쉬지 않고 점오점수(漸悟漸修)하는 자세를 견지하는데, 다음의 작품에서 만날 수 있습니다.

사찰에 들렀더니
주지스님
시왕전(十王殿)에 앉으란다
죄 많은 인생, 덧없이
흔들리는 속내

알아본 모양이다
육도윤회(六道輪回) 심판하는
명부전(冥府殿) 구세주
지장보살(地藏菩薩)
모든 중생 성불시키려는
마음 하나로
득불하신 대원본존(大願本尊)
석장(錫杖) 흔들어
졸음을 깨운다

— 「여명사(黎明寺) 지장전(地藏殿)」 전문

이 작품에서 시인은 스스로 〈죄 많은 인생, 덧없이/ 흔들리는 속내〉를 고백합니다. 그러면서 〈모든 중생 성불시키려는/ 마음 하나로〉 대원존불님이 석장(錫杖)을 흔들어 나태해진 시인의 졸음을 깨워, 명징한 정신에 이르게 합니다. 어려운 불교 용어를 이해하지 못 하더라도 이와 같은 부분은 쉽게 공감할 수 있으며, 수시로 깨달음에 이르기 위해 쉬지 않고 꾸준히 연찬하고 있음을 알 수 있습니다.

4.

불심(佛心)이 깊어지면서 겉으로 드러난 '현상'에 관심을 기울일 뿐, 삶의 궁극적 목표로서의 '본질'에 소홀히 하는 현상을 보게 된 시인은 가끔 이러한 상황에 경종을 울립니다. 시 「명강사」에서 〈지난 봄/ 산사 법회 시간에/ 특강을 하라 하여/ 법정 스님의 '산에 오르면' 한 구절〉을 소개합니다. 〈내 주위 가난한 이웃이 부처고/ 병들어 누워 있는 자가 부처라네〉 〈그 많은 부처를 보지도 못하고/ 어찌 사람이 만든 불상에만/ 허리가 아프도록 절만 하는가?〉 시인은 이 구절을 소개하며 몇 마디 말을 보태었을 터, 그 결과는 '그날 이후 다시는' 부르지 않더라는 것입니다.

본질에 대한 자각으로 옳게 인식하고, 바르게 살려고 하면 할수록, 세상 살기는 때로 힘들어지게 마련입니다. 그리하여 작품 「60 인생」에서 자신에 대한 자각을 그려냅니다. 〈리허설도 없이/ 생을 다할 때까지/ 늘 공사중〉이라고 합니다. 그는 최선을 다하여 '깨달음의 완성'을 추구하며 나아가지만, 언제나 완성을 향한 과정에 있을 뿐임을 각성합니다. 그리하여 〈공사가 끝나면/ 여지없이 사라지는/ 거푸집〉에 불과하다는 무상(無常)의 경지에 이릅니다. 그렇지만 '공사중'이라는 삶의 과정만은 성실하게, 그리고 가열하게 살아내려는 자세를 견지하고 있습니다.

가뭄과 염천에 풀죽어
침묵하던 산이
단비 지나자
마당극 펼친다
멧새, 매미 연주하는
아카펠라
화사한 무지개 조명
나무들 경쾌한 춤사위
환호하는 계곡
온산이 야단법석이다
숨겼던 보물, 식량
탈탈 털어
세상에 나른다

— 「늦여름 식장산」 전문

2018년의 여름은 기상관측소에서 계측한 지 100여 년만의 기상이변일 정도로 가뭄이 지속되었습니다. 그 가뭄 끝에 단비가 내릴 때, 시인은 식장산에 있었던가 봅니다. 그 현장의 상황을 단형(短型)의 작품에 담습니다. 그의 예술적 자산과 지향이 종합적으로 투영된 작품입니다.

이러한 '환희'는 일시적일 수 있습니다. 비가 그치면 다시 가뭄이 올 수 있고, '화사한 무지개' 역시 잠시 후 사라질 신기루와 같습니다. 온산이 야단법석을 떨지만, 이 역시 바람이 자면 침묵할 터입니다. 그렇다고 할지라도, 시인은 자연의 환호와 함께 신명나는 세상을 작품에 담아 오래 간직하고자 합니다. 이는 순간의 깨달음과 감동을 작품화하여, 새로운 감동을 생성하고, 이를 독자들과 공유하고자 하는 문학적 본질에 접근하고 있습니다. 이런 자세를 견지하는 한, 양동길 시인은 새로운 깨달음을 구하기 위해 창작의 여정에 나설 것이고, 이때마다 문학적 자산을 확충하리라 믿습니다. 이런 기대로 양동길 시인의 2시집에 수록된 작품 감상을 맺습니다.

날고 싶은 새 한 마리

채운 양동길 시집

발 행 일 | 2018년 10월 26일
지 은 이 | 양동길
발 행 인 | 李憲錫
북디자인 | 이금옥, 이현경, 류미혜, 이하영
발 행 처 | 오늘의문학사
출판등록 | 제55호(1993년 6월 23일)
주　　소 | 대전광역시 동구 대전로867번길 52(한밭오피스텔 401호)
전화번호 | (042)624-2980
팩시밀리 | (042)628-2983
전자우편 | hs2980@hanmail.net
카　　페 | cafe.daum.net/gljang(문학사랑 글짱들)

공 급 처 | 한국출판협동조합
주문전화 | (070)7119-1752
팩시밀리 | (031)944-8234~6

ISBN 978-89-5669-952-3
값 9,000원

* 이 책은 교보문고에서 eBook(전자책)으로 제작 · 판매합니다.
* 잘못 제작된 책은 바꾸어 드립니다.
* 이 책은 대전문화재단 과 대전광역시 에서 사업비 일부를 지원받았습니다.